Als wir allein auf der Welt waren

Ulf Nilsson, geboren 1948 in Helsingborg, lebt als freier Autor in Stockholm. Er schreibt Texte für Kinder und für Erwachsene.

Eva Eriksson, geboren 1949 in Halmstad/Schweden, ist eine der beliebtesten schwedischen Kinderbuchillustratorinnen und erhielt für ihr Werk auch international viele Preise.

Bei MINIMAX erschienen von ihnen bereits die Bilderbücher
Die besten Beerdigungen der Welt und
Als Oma seltsam wurde

MINIMAX

Herausgegeben in Zusammenarbeit mit dem Moritz Verlag
von Markus Weber

MIX
Papier aus verantwortungsvollen Quellen
FSC www.fsc.org
FSC® C089473

wwww.beltz.de
Erstmals als MINIMAX bei Beltz & Gelberg im August 2015

Die schwedische Originalausgabe erschien 2009 unter dem Titel
När vi var ensamma i världen bei Bonnier Carlsen Bokförlag, Stockholm

Neue Rechtschreibung
Gesamtherstellung: Beltz Bad Langensalza GmbH, Bad Langensalza
Printed in Germany
ISBN 978-3-407-76161-3
1 2 3 4 5 6   18 17 16 15

Ulf Nilsson · Eva Eriksson

Als wir allein auf der Welt waren

Aus dem Schwedischen
von Ole Könnecke

BELTZ
& Gelberg

Einmal lernte ich im Kindergarten die Uhr. Neun Uhr, zehn Uhr, ein Uhr, zwei Uhr.
Um drei Uhr holte mich Papa ab. Normalerweise. Aber er war nicht da. Schließlich ging ich allein nach Haus. Wir wohnen gleich um die Ecke. Aber warum kam er nicht? Was war passiert?

Die Haustür war abgeschlossen. Ich rief nach Mama und Papa, aber sie waren nicht da. Sie waren weg und mein kleiner Bruder war auch weg.
Bestimmt waren meine Eltern tot. Irgendwas war passiert, vielleicht hatte ein Laster sie überfahren.

Ich setzte mich auf die Treppe und weinte. Das war sehr traurig.
Ich war noch nicht mal sechs Jahre alt und schon ganz allein auf der Welt. Und unser Haus war abgeschlossen.
Allein auf der Welt. Was war mit meinem kleinen Bruder passiert?

Vielleicht war er noch im Kindergarten gewesen, als Mama und Papa vom Laster überfahren worden waren.
Ich lief zurück. Sehr weit war es nicht. Da stand er im Sandkasten und schüttete Sand auf ein Mädchen, das einen Schnuller im Mund hatte.

Ich umarmte ihn und weinte. Er sah mich erstaunt an.

Ich hörte sofort auf zu weinen. Ich durfte ihm nicht zeigen, wie furchtbar alles war. Da wäre er traurig geworden. »Jetzt sind wir beide allein auf der Welt. Aber ich werde mich ganz, ganz doll um dich kümmern. Es wird sich überhaupt nichts ändern.«

Die Erzieherinnen jagten ein Mädchen, das über den Zaun geklettert war. Ich nahm meinen Bruder und wir huschten davon. Nach Hause.

Es sollte alles sein wie immer. Mein kleiner Bruder guckte gern ein bisschen fern, wenn er aus dem Kindergarten kam. Am liebsten saß er auf dem Teppich und aß einen Keks.

Das war ein großes Problem. Wir hatten kein Haus. Wir hatten keinen Teppich. Wir hatten keinen Fernseher. Wir hatten keine Betten zum drin Schlafen. Und vor allen Dingen hatten wir nichts zu naschen.
Aber ich hatte versprochen, mich um meinen Bruder zu kümmern! Und das würde ich tun.

Zuerst ein Haus bauen! Im Gebüsch fand ich eine lange Stange. Daraus konnte man kein Haus bauen. Aber vielleicht einen Fahnenmast.
»Zuerst machen wir einen Fahnenmast!«

Ich knotete mein Taschentuch oben fest und steckte die Stange in ein Loch. Sehr gut. Wir würden ohne Mama und Papa zurechtkommen ...
Mama und Papa! Ich wurde traurig, als ich an sie dachte. Mir stiegen Tränen in die Augen. Aber mein kleiner Bruder durfte mich nicht weinen sehen. Außerdem hing mein Taschentuch hoch oben am Flaggenmast.
Stattdessen wurde ich auf den Laster böse.

Wir suchten im Garten nach etwas, woraus man ein Haus bauen konnte. Ein kleines hübsches Haus, in dem wir wohnen könnten, bis wir alt wären und das Abitur machten und von zu Hause wegzogen.
Mein kleiner Bruder fand ein paar morsche Äste. Aber ich hatte Glück und entdeckte schöne weiße Bretter, aus denen mein Papa einen neuen Zaun hatte machen wollen. Sie lagen unter einer Plane.

Keinen Nagel hatten wir und keinen Hammer, wir armen Kinder. Aber wir hauten die Bretter mit einem Stein ein bisschen in den Boden. Sie wackelten hin und her.

Danach legten wir ein paar Bretter als Dach drauf. Da blieb das Haus einigermaßen stehen.

Ein sehr schönes kleines weißes Haus. Mit
Fahnenmast. Auf dem Rasen. Ich war stolz.
Ob wir da auch als Große drin wohnen könnten,
wusste ich nicht. Aber man konnte ja mit der Zeit
anbauen. Bretter waren genug da.

Drinnen machte ich zwei Betten aus Tannenzweigen und Moos. Wir trugen ganz viel Laub rein, damit konnte man sich zudecken.
»Eine Laubdecke ist etwas sehr Warmes und Gutes«, sagte ich.
Ich deckte meinen Bruder mit einem ordentlichen Haufen zu.
Seine kleinen Augen guckten darunter hervor. Er blinzelte.
Er sagte, dass er fernsehen wollte.

Es war nicht leicht, einen Fernseher zu bauen. Erstmal nahm ich einen großen Karton, der beim Müll stand. Ich machte da ein Loch rein, wo man die Bilder sehen sollte. Aus einer kleinen Schachtel machte ich die Fernbedienung. In meinem Rucksack hatte ich einen Stift, damit malte ich die Knöpfe.
Die morschen Äste kamen aufs Dach, als Antenne. Genau so eine hatte unser Nachbar.

Ich drückte auf die Fernbedienung. Nichts passierte.
»Die Batterien sind alle. Ist heutzutage sowieso alles Mist im Fernsehen«, sagte ich, als ich in den Kasten guckte.
Ich hörte mich genauso an wie Papa und ich rieb mir genau wie er das Kinn.

Mein Bruder wollte vor dem Fernseher Kekse essen.
Oder Kuchen. Oder Butter.
Er wollte mich reinlegen. Er durfte nämlich nicht Butter ohne alles essen. Aber jetzt mussten wir Brüder zusammenhalten, also sagte ich nichts.
Ich holte ein paar Mohrrüben aus dem Gemüsebeet, aber Mohrrüben vor dem Fernseher fand er nicht gut.

Da fiel mir ein, dass wir ja von den Nachbarn was leihen könnten. Manchmal, wenn in der Küche was fehlte, konnte man zum Nachbarn rübergehen und was leihen.
Wir klopften beim Nachbarn, das war ein alter Opa mit Schnurrbart und karierter Weste.
»Können wir ein paar Eier leihen?«, fragte ich.

Sandkuchen
3 Eier und
250 gr Zucker
und 200 Gramm
Butter verrühren.
400 gr Mehl,
1 Esslöffel Back-
pulver, 2 Teelöffel
Vanillezucker dazu.
Bei 175° cirka
60 Minuten backen
Zahnarzt
Mittwoch 14.11.
8°° Uhr
WEIZEN
MEHL
ZUCKER

Er ging in die Küche.
»Drei Eier«, rief ich. »Und kannst du sie aufschlagen?«
Er holte eine Schüssel für die Eier.
»Und eine Tasse Zucker.«
Er wühlte im Speiseschrank.
Ich wusste, wie man Kuchen backt. Was brauchte man außerdem?
»Und ein bisschen Butter. Und ein bisschen Mehl und einen Löffel Vanillezucker.«
Der Opa kam mit der Schüssel zurück. Da lag alles drin.
»Butter!!!«, sagte mein Bruder froh.

Wir rührten alles mit einem Antennenstock um.
Es wurde ein prima Teig. Aber wie sollte daraus ein Kuchen werden? Ohne Ofen?
Mein Bruder fand, dass der Teig auch so gut war. Er konnte ihn direkt aus der Schüssel essen, mit den Fingern.

Und ich machte in der Kiste unser eigenes Fernsehprogramm.
Einen kleinen Pinguin.
»Pingu, Pingu«, sang ich und hüpfte im Fernseher herum.
Mein Bruder wurde so froh. Er lachte so sehr, dass er wie ein Ball auf dem Fußboden auf und ab hüpfte. Er hatte an beiden Händen Teig und in den Haaren auch.
»Pingu, Pingu«, sang ich.

Er war froh, weil er noch nichts wusste. Eines Tages, wenn er älter wäre, würde ich ihm die traurige Wahrheit erzählen.
»Tja, mein lieber kleiner Bruder, es gab eine Zeit, da hatten wir ein paar Eltern ...«
Der Wind pfiff durch die Ritzen.
Wir konnten einem leidtun.

Jetzt weinte ich.
»Pingu traurig«, sagte mein Bruder.
Und ich erzählte, dass Pingu traurig war, weil seine Mama und sein Papa von einem furchtbaren roten Laster überfahren worden waren, der übers Eis geschlittert war. Und Pingu und seine kleine Schwester konnten nicht ins Iglu. Sie saßen draußen und froren.
Dann weinte Pingu noch viel mehr.
»Anderes«, sagte mein Bruder.
Er wollte ein anderes Programm sehen. Ich auch.

Da guckte jemand durch eine Ritze in den Brettern.
Das war Papa.
»Oh, oh, oh, wir haben uns solche Sorgen gemacht! Der Kindergarten hat uns angerufen ...«
Dann nahm jemand ein Brett vom Dach. Das war Mama.
»Wir sind sofort von der Arbeit gekommen, so schnell es ging!«

Dann nahmen sie uns auf den Arm und trugen uns ins Haus.
Das kleine Haus fiel zusammen, ganz von allein.
Ich verstand überhaupt nichts.
»Und der Laster?«, fragte ich.
»Was für ein Laster?«, sagte Mama.
Wir kriegten belegte Brote, obwohl mein kleiner Bruder satt war.

Wir guckten ein bisschen fern. Und zwar lustige Sendungen.
»Was hast du heute im Kindergarten gemacht?«, fragte meine Mutter. »Und warum bist du früher nach Hause gegangen?«
»Ich habe die Uhr gelernt«, sagte ich. »Neun Uhr, zehn Uhr, ein Uhr, zwei Uhr.«
Mama zeigte auf ihre Uhr.
»Neun Uhr, zehn Uhr, elf Uhr, zwölf Uhr, ein Uhr, zwei Uhr.«

Papa sagte: »Die Erzieherin hat uns angerufen und gesagt, dass du früher gegangen bist.«
»Aha«, sagte ich.
Mama bekam Tränen in die Augen.
»Jetzt verstehe ich! Du hast gedacht, wir wären weg ...«
Mama und Papa versuchten uns zu umarmen. Aber ich und mein Bruder waren beschäftigt. Wir guckten fern. Wir lachten. Ich aß mein Brot. Und mein kleiner Bruder rülpste.